JN173940

句集

紅葉晴

甲斐遊糸

角川書店

句集・紅葉晴

目次

装丁●ベター・デイズ
装画●大久保裕文

句集

紅葉晴

新樹光

平成二十三年

六十八句

読初や梁山泊の志

羽子板や恋のときめきまだ知らず

みどりごにもらふ笑顔や三ケ日

春雪のあとの青空鳥礫

幼子の抱きあげられて針祀る

坂はみな富士を目指せり西行忌

囀の芯に縄文遺跡あり
朝霞縄文びとの祈るころ

摘草や縄文びとの血を継ぎて

揚雲雀縄文びとの駆けし丘

戒名をすでにいただき耕せり

英文科卒の住職シクラメン

冴返る千人針の五銭玉

神木のひろぐる千手あたたかし

淋しさを詩の糧とせり猫柳

三月や力を抜いて富士座る

釣る父のうしろの土手の土筆摘む

石で水切りて友待つ受験生

あたたかやすぐに崩るる子の積木

母めざすよちよち歩き初桜

みづうみに身をのりだして初桜

KOBANを掃きゐる婦警朝桜

百選の湧水の花筏かな

青空の深きより花散りやまず

懸命に咲き懸命に散る桜

赤間神宮先帝祭　五句

諳んずる平語冒頭先帝祭

笛の音の余韻嫋々先帝祭

幼子のみくじ大吉先帝祭

日章旗掲ぐる巨船先帝祭

先帝祭眠りたる子を胸に抱き

宇野千代の湯呑大ぶり新樹光

予科練の制服の兄卯波立つ

速歩して老いに抵抗麦の秋

頬杖に雨の音聞く桜桃忌

蛍火や難病告知されし友

筆談の時間ゆつくり梅雨深し

地球儀に小さき日本梅雨寒し

鉱泉の客一人きり河鹿鳴く

頼朝にゆかりの滝の轟けり

滝壺に泳ぐ人より大き犬

笹百合を見せてもらひし深き辞儀

風鈴や人の心の見ゆる歳

沸々と闘争心やサングラス

弾圧に耐へし宗祖やほととぎす

龍勢の櫓がつしり原爆忌

晩夏光シテのごとくに化石句碑

白桔梗化石生家の心字池

きりぎりす幼子もゐる殉教碑

殉教の島の夕焼終戦日

渡り鳥島の神父の白き鬚

母に会ふ面会票や白木槿

登り来し息まだ荒し花芒

児のポケット木の実五つにふくれけり

入植の祖父母の遺影胡桃割る

開拓の先駆者の墓残る虫

銀杏を拾ふ沢音響く寺

烏瓜古墳の裾を電車過ぐ

水澄んできのふのわれを振り返る

螻蛄鳴くや時間といふは待つたなし

吊橋の定員五人初紅葉

老いてゆくためらひはなし水澄めり

えいやつと下す決断雁渡し

気持ちまだ若しぴしぴし木の実踏み

海風の歓迎手荒砂丘冬

冬濤の力ひかりとなり迫る

冬帽子新調したる誕生日

灯台にのぼる券買ふ冬帽子

討入りの日や風雪に耐へし松

かたつむり

平成二十四年

六十八句

初富士や悪戯つ児を肩車

肩書きのとれて鮒釣る五日かな

七種の富士のめぐみを粥にせり

『時鳥』出版祝賀会

日向ぼこしてゐるやうに祝はるる

ものの芽に飛びつく朝の光かな

五千石句碑春禽のひかり飛ぶ

ぶらんこに座るのみまだ幼くて
立子忌の海のひかりのやはらかき

初蝶の天守閣より高からず

新しき畳の匂ふ貝雛

光り満つ三月十一日の海

天変も地異も眼前冴返る

ふらここに行方不明の子らの声

あの日あの時刻黙禱梅真白

花辛夷富士の湧水敬はれ

七十のわが夢を知る春帽子

起き抜けの一杯の水さくら咲く

つぎつぎに鳥の入りゆく朝桜

本屋大賞第一位読む花の雨

狂ほしきまでに咲き満つ花篝

乳母車より抱きあぐる薔薇の園

岳麓やぴしりぴしりと田が植わり

床の間に甲冑を据ゑ夏炉焚く

懐をゆつたりと着て冷奴

老いてゆく驚きの日々かたつむり

恩師着くまでの雑談夏料理

七月の山河びしょ濡れにて明くる

村人の総出開山式準備

開山式待つ結界に護摩木積み

法螺貝を復習ふ青年山開き

山開き宝剣宙に光の字

清水飲み少し賢くなりにけり

もてなしは富士からの風夏座敷

富士涼し都会暮しに戻れざる

万緑や微光帯びたる無言館

雄弁にまさる無言や合歓の花

妻の裸身描きて征きて還らざる

無言館出でて眩しき夏の雲

未来から届く海鳴り草田男忌

擦れ違ふ船に手を振り涼新た

甲板の海水プール子らが占め

幼子のゐる旅楽し赤とんぼ

船で来し龍馬のくにの天の川

幼子に泣かるる別れ天高し

林火忌の力をゆるめざる日差し

小鳥来る文机小さき杓子庵

身に入むやガラスケースの銀の匙

銀杯は百寿の褒美秋気澄む

雁渡し眠たき母と別れきて

体育の日や父の背を攀ぢ登る

卵焼指につまむや初紅葉

冠雪の富士を戴き秋祭

高張に火の入り佳境秋まつり

隣人のごとく富士あり新豆腐

子の著書を読みて灯火に親しめり

ハンチング阿弥陀被りに秋惜しむ

こけしにも出身地あり文化の日

雪を待つ極彩色のこけしたち

浅漬や二人暮しも長くなり

教へ子の編んでくれたる冬帽子

熱燗や闘志は胸の奥に秘め

飛ぶ鳥の羽裏の白き枯野かな

餌台の鳥入れ替る冬景色

冬鳥の餌をついばめるたなごころ

霜柱踏む童心の男たち

飛ばされし帽子を追ふや冬怒濤

妻に叱られてばかりや漱石忌

家中の時計を合はす年用意

削り花

平成二十五年

六十八句

門前に初富士拝す終の家

盛装の子と待ち合す初芝居

削り花人懐つこき仔牛たち

若菜摘む向う岸まで石を跳び

寒林を来る音楽を身にまとひ

水しぶき氷りつきたる水神碑

大寒の寺日溜りのやうな里
日を豊か水を豊かに紙を漉く

紙漉くや富士の生む水ふんだんに

春を待つ水車の樋を新しく

山神を田によぶ祝詞春近し

子の忘れものの怪獣春を待つ

きのふより明日が大切木々芽吹く

紅梅にときめくこころ失はず

天城越え河津桜に逢ひに来し

手をつなぎ河津桜の長堤

足湯せり河津桜の満つる中

漁網干す河津桜と陽をわかち

鳥の恋潜水服の頭見え

菜の花や舐めてくちびる塩辛き

竜天に登りて痒き目玉かな

囀やまだ目の見えぬ新生児

やり直し出来ぬ齢や鳥曇

菜の花の化したる蝶や遠流の地

米蔵と武器庫備ふや八重桜

朝掘りの春筍を売る江川邸

指栞して囀りの空仰ぐ

一向に知恵湧かぬ日や鳥帰る

天空にかがやく富士や雛まつり

弟をやさしく諭す雛の前

被災地の教へ子見舞ふ遅桜

遅桜また遅桜北へ旅

朝桜雪が積もつてゐたりけり

うぐひすが鳴く時ならぬ雪の中

鯉のぼり手に園服の駆け寄れる

幼子に飛びつかれたり若葉風

くちびるにおむすびの海苔五月の子

幼子につがるる酒やこどもの日

腹くちくなれば眠き児風薫る

昼寝子の頬にくつきり畳あと

登呂遺跡　二句

貫頭衣着て復元の田を植うる

火起こしの種火尊き青葉かな

松蟬や塩の道はた戦道

隣り合ふ茅葺の社寺ひきがへる

碑塔みな歳月を帯ぶ苔の花

隆盛の証の碑塔花空木

源は富士涼風も湧く水も

神域を闊歩するなり羽抜鶏

厠にも仏の言葉梅雨明くる

終刊の他人事ならず青葉木菟

盆花を天幕で売る道の駅

盆路を刈り旅人も通しけり

山水の駆け下る坂秋海棠

甘噛みのあいさつを受く秋の駒

松籟の先の潮騒源義忌

大鯉の背鰭の進む秋高し

身に入むや剝製の目のガラス玉

太鼓打つ半裸勤労感謝の日

白息の太く乳牛集り来

霜晴や搾乳を待つ牛ならぶ

牛たちの地下通路あり枯るる中

笹鳴や公民館に牛魂碑

黒玉子剝く冬帽を膝に置き

バス待つや兎の耳の頭巾の子

冬滝の一瞬たりと気を抜かず

冬の滝落つこちさうな岩数多

柚子湯出て銚子の首をつまみけり

子の二段ベッド残れりクリスマス

白靴

平成二十六年

八十四句

門松や富士の湧水鳴りやまず

雪嶺の輝いてをり夢捨てず

点々と牧場を置く大枯野

本棚の本並べ替へ春を待つ

お針子の母の桃割れ風光る

初蝶を指さす車椅子の母

かんなみ仏の里美術館　四句

魂抜きて展示の仏冴返る

仏像に生みの親あり牡丹の芽

あたたかやみな豊頰の仏たち

修復に不在の仏春愁ひ

一島の夕日に染まる蓬餅

蓮如忌の畑よりあがる煙かな

育つ早さ老いゆく早さ鳥雲に

焦げ跡の苦き目刺や休肝日

見せに来る童女のリボン桃の花

遠足の全員選ぶ男坂

初桜背筋を正す句碑の前

下馬桜咲く支へ木の脚数多

白隠を慕ふ里人桜咲く

なほ続く白隠ざくら咲く小径

水門の鉄扉全開朝桜

鳶鴉鬪ふ湖上花の昼

初夏の帆船のまだはばたかず

山若葉出航の笛三度鳴る

勝海舟乗りし帆船夏来る

航海体験証明書受く夏帽子

女神大橋渡る五月の海と空

白靴に踏む殉教の島の土

隠れキリシタンの墓地や緑さす

聖五月ステンドグラス透きて海

青嵐化石の墓へ急な坂

母子草生家の見ゆる化石墓所

体育館残る廃校山法師

教へ子の母と名のらる夏衣

蛍狩腹拵へを十分に

大いなる闇に守られ蛍飛ぶ

家の灯がぽつり蛍火すーいすい

この妻とこの友垣と蛍追ふ

父の世とこの世を行き来する蛍

逢ひしことなくて蛍となりし姉

老いてなほ蛍火ほどの夢を抱き

英雄はみんな嫌ひや蛍の夜

牛小屋は疎開の匂ひ夏椿

師の色紙掛けて師とゐる涼しさよ

仏壇に背伸びして子が麦茶置く

出しやばらず尻込みをせずサングラス

わさび田を流れ涼風生み続け

見守れる青嶺やちひろ美術館

戦争のなかの青春凌霄花

夢抱く少年少女描き涼し

白南風や半島の山顔見知り

淋しげな昼の灯台草矢打つ

浚渫船働きづめよ雲の峰

歓声は小学校のプールより

背水の陣の晩年蟬時雨

仮の歯を入れられ帰る西日中

ラジオ局出でて雷雲仰ぐ

赤ん坊のどこもふつくら新松子

沼津市若山牧水記念館　二句

牧水の机に座り涼新た

酒の牧水旅の牧水秋に入る

軒並みに十団子を吊る地蔵盆

世話役の呼び合ふ屋号地蔵盆

老鶯や軒にびつしり講中札

色鳥や講宿つなぐ石畳

講宿の畳ひんやり法師蟬

講宿の大方閉ざすきりぎりす

静岡県水産技術研究所富士養鱒場　四句

天高し魚跳ねて虫捕らへたる

採卵の鱒の選別秋日和

給餌の鱒千尾の修羅場秋暑し

釣り上げて撓ふ細竿草紅葉

出迎へてくるる総出の赤とんぼ

掛稲の囲む縄文遺跡かな

縄文の子らも追ひしか赤とんぼ

いなびかり富士の全容浮かびけり

邯鄲や鎖に閉ざす虚子山荘

花野ゆくごとし虚子山荘の庭

虚子死してよりの歳月草紅葉

文机の木の実虚子山荘の苞

ロムニー鉄道模したる列車冬うらら

ジングルベル流るるランチカナダ村

誕生日の妻に乾杯冬薔薇

山眠る湧水の砂踊りゐて

そば好きの高じてそば屋冬ぬくし

湯気あげてゐる数へ日の大地かな

青き踏む

平成二十七年

八十四句

門松や高麗門の家の格

かはせみの飛ぶ成人の日の水辺

機織の神祀る里冬木の芽

寺山に枯木卸の鋸の音

真白に霜被りをり無縁墓

寒禽の飛び立ち風に流さるる

いつ来ても日の当りゐる冬泉

久能山東照宮　四句

東照公御遺訓掲ぐ冬木の芽

家康公愛馬の霊所笹子鳴く

弾痕の著き兜や寒日和

寒中や家康公の竹の杖

富士のある誇りと不安鳥雲に

思はざるおいしい蕎麦屋山笑ふ

招待状に恩師と書かれあたたかし

退屈な時間などなし春帽子

戦争も暴力もノー黄砂降る

出発の二人に戻り青き踏む

野遊びの締めのお銚子頼みけり

湖西市本興寺　四句

惣門の元は城門桜の芽

落款は烏文晁あたたかし

白秋の文机春の光あり

幽霊の子育て縁起寺朧

山吹や甲斐の峠の狐雨

甲斐の山駿河の海も暮春かな

一年生の元気な寝相夏に入る

妖怪と友だちの子や花卯木

ローラースケートまだ歩くだけ風薫る

砂浜を犬と競走こどもの日

食べ終へてしあはせな顔こどもの日

子の頰の産毛金色聖五月

木喰の里微笑館　四句

日本廻国果して帰郷ほととぎす

万緑や永久に微笑む仏たち

虫喰ひも写すレプリカ麦の秋

お風入れ木喰上人背負籠

ほととぎす討死の兵祀る村

夏草や敵味方なく弔はれ

首塚を十薬の花十重二十重

揚羽来て首塚しばし華やげる

目を閉ぢて潮騒を聞く太宰の忌

大将と女将教へ子夏暖簾

雲の峰にも山育ち海育ち

床の間の先師の色紙涼気満つ

喜びも悲しみも容れ梅雨深し

吊橋の足下逆巻く梅雨の濤

ほれぼれと柱状節理梅雨怒濤

鰺刺の怒濤めがけてまつしぐら

沢蟹の歩く句会の大広間

ひかりつつ地を這ふ蜥蜴原爆忌

峠越え来て新涼の甲斐の国

孵りたる山鳩の雛終戦日

少年戦車学校跡地小鳥来る

英霊は少年兵や百日紅

帰還戦車満身創痍賜高音

帰還戦車供華の白百合匂ひけり

鶏頭花命粗末にせし世あり

電柱を登り詰めたる葛の花

露の世の百三歳を寿がれ

豊年やこつこつと来る杖の母

甲斐の柿置けば駿河の蟻来る

色鳥や雨は海から霽れきたる

海望む雨余の城址に秋惜しむ

秋夕焼警策ひびく座禅堂

湧く雲に抽んづる富士蛇笏の忌

校庭にピストル響く紅葉晴

富士の雪一旦消ゆる源義忌

菩提寺を持たぬまま老ゆ菊の花

一雲も置かぬ一天秋祭

秋祭出陣式の鬨の声

山車屋台勢揃ひせり天高し

秋嶺へ祭囃子を奉納す

競り合ひの喧嘩囃子や文化の日

ささくれし梃子棒の束残る虫

街道の灯の帯となる秋祭

祭提灯銀河のごとく続きけり

満腹の後ろめたさや鵙高音

今にして父の淋しさ夜寒の灯

亡き友の家森閑と白障子

生り年の甲斐の豆柿冬落暉

廃牧舎又廃牧舎枯るる中

飛び疲れ地上を歩く冬の蝶

寒林の枝移りする猿の群れ

冬帽を脱ぐや一日よく遊び

笹鳴やちやんばらごつこしたき杖

般若湯湯呑みに注がる除夜詣

句集　紅葉晴　畢

あとがき

『紅葉晴』は、『冠雪』『月光』『朝桜』『時鳥』につぐ私の第五句集である。平成二十三年から二十七年までの五年間の作品より三百七十二句を収めた。以前、山本健吉の著作を熱心に読んだ時期があった。そのなかに、次のような記述があった。

『俳諧名目抄』には、「花」「郭公（ほととぎす）」「月」「雪」に「紅葉」を加えて、五個の景物といっている。（季の詞―この秩序の世界）

私の第一句集は『冠雪』。『山本健吉俳句読本』（角川書店）で右の文章に出合い、「よし、以後の句集名はこれでゆこう」と心に決めた。本当に五冊もの句集が出せるのか心許なかったが、今、その無謀ともいえる志がようやく実を結ぶこととなった。内容は兎も角、自分に嘘をつかなかったことにほっとしている。

平成十九年一月、俳誌「湧」がスタートした。来年一月、創刊十周年を迎える。今回の句集上梓には、その自祝の気持ちもある。

第五句集『紅葉晴』を百鳥叢書第93篇に加えて頂いた。大串章主宰のご厚情に感謝申し上げる。

また、「角川俳句叢書・日本の俳人100」にご推薦くださった『俳句』編集長白井奈津子様、句集出版に際し懇切丁寧なるアドバイスを頂戴した石井隆司様、ご両名に改めて御礼申し上げる。

平成二十八年十月十日

甲斐遊糸

著者略歴

甲斐遊糸

かい・ゆうし

昭和十五年十二月十六日　東京・浅草に生まれる。本名正博

昭和四十八年　大野林火に師事、「濱」入会

昭和五十一年　「濱賞」受賞。「濱」同人。俳人協会会員

平成二年　第一句集『冠雪』上梓

平成六年　大串章主宰「百鳥」創刊に参画、初代編集長（平成十四年まで）。

第一回鳳声賞（百鳥同人賞）受賞

平成十二年　第二句集『月光』上梓

平成十八年　第三句集『朝桜』上梓

平成十九年　「湧」創刊・代表、後に主宰

平成二十三年　第四句集『時鳥』上梓

現　在　「湧」主宰、「百鳥」同人、静岡県俳句協会会長、富士宮俳句協会会長、

公益社団法人俳人協会評議員、俳人協会静岡県支部常任幹事

住　所　〒四一八－〇〇一五　富士宮市舞々木町九三五

電　話　〇五四四－二四－七四八九／ＦＡＸ　〇五四四－二九－六四八九

句集　紅葉晴　もみじばれ
百鳥叢書第93篇

初版発行　2016（平成28）年12月16日

著　者　甲斐遊糸
発行者　宍戸健司
発　行　一般財団法人 角川文化振興財団
〒102-0071 東京都千代田区富士見1-12-15
電話 03-5215-7819
http://www.kadokawa-zaidan.or.jp/
発　売　株式会社 KADOKAWA
〒102-8177 東京都千代田区富士見2-13-3
電話 0570-002-301（カスタマーサポート・ナビダイヤル）
受付時間　9:00 〜 17:00（土日　祝日　年末年始を除く）
http://www.kadokawa.co.jp/
印刷製本　中央精版印刷株式会社

落丁・乱丁本はご面倒でも下記KADOKAWA読者係にお送り下さい。
送料は小社負担でお取り替えいたします。古書店で購入したものについては、お取り替えできません。
電話 049-259-1100（9時〜17時／土日、祝日、年末年始を除く）
〒354-0041 埼玉県入間郡三芳町藤久保550-1
 ISBN978-4-04-876424-7 C0092

角川俳句叢書　日本の俳人100

青柳志解樹
朝妻　力
有馬朗人
安西　篤
伊丹三樹彦
伊藤敬子
伊東　肇
井上弘美
猪俣千代子
茨木和生
今井千鶴子
今瀬剛一
岩岡中正

大石悦子
大牧　広
大峯あきら
大山雅由
小笠原和男
奥名春江
落合水尾
小原啄葉
恩田侑布子
甲斐遊糸
柿本多映
加古宗也
柏原眠雨

加藤憲曠
加藤耕子
加藤瑠璃子
金箱戈止夫
金久美智子
神尾久美子
九鬼あきゑ
黒田杏子
阪本謙二
佐藤麻績
塩野谷　仁
小路紫峡
鈴木しげを

千田　一路
高橋　将夫
田島　和生
辻　恵美子
坪内　稔典
出口　善子
手塚　美佐
寺井　谷子
中嶋　秀子
名村早智子
鳴戸　奈菜
名和未知男
西村　和子

能村　研三
橋本　榮治
橋本美代子
藤木　倶子
藤本安騎生
藤本美和子
文挾夫佐恵
古田　紀一
星野　恒彦
星野麥丘人
松尾　隆信
松村　昌弘
黛　執

岬　雪夫
宮田　正和
武藤　紀子
本宮　哲郎
森田　峠
山尾　玉藻
山崎　聰
山崎ひさを
柚木　紀子
依田　明倫
若井　新一
渡辺　純枝
ほか

（五十音順・太字は既刊）